Dietrich Volkmer

Paulus

Auf seinen Spuren in Kleinasien

Dietrich Volkmer

PAULUS

Auf seinen Spuren in Kleinasien

Die Deutsche Nationalbibliothek verzeichnet diese
Publikation in der Deutschen Nationalbibliografie;
Deteaillierte bibligrafische Daten sind im Internet über
http://dnb.ddb.de
abrufbar

Text, Layout und Umschlaggestaltung: Dr. Dietrich Volkmer
www.literatur.drvolkmer.de

Internet-Seiten
www.literatur.drvolkmer.de
www.privat.drvolkmer.de
www,buchtipps.drvolkmer.de
www.drvolkmer.de

Verlag:
BoD • Books on Demand GmbH, In de Tarpen 42, 22848
Norderstedt
Druck:
Libri Plureos GmbH, Friedensallee 273, 22763 Hamburg
Printed in Germany
ISBN: 978-3-8370-2471-5

Inhalt

Der Apostel Paulus
Bartolomeo Montagna 1482

Und er trug die Worte des Herrn unter die Völker ...

Den meisten Christen oder all denen, die sich Christen nennen, ist wenig über den Apostel Paulus bekannt. Dabei erhebt sich wirklich die Frage: Hätte sich das junge Christentum und die Botschaft Jesu Christi so schnell und eindrucksvoll ausgebreitet und entwickelt, wenn Paulus nicht in seinen Missionsreisen trotz vieler Hindernisse und Anfeindungen diese Botschaft zu Beginn in Kleinasien und dann weiter verbreitet hätte.

In diesem Buch sollen neben den einzelnen Stationen der Reisen des Paulus auch die kulturellen und geschichtlichen Hintergründe ein wenig ans Licht gebracht werden. Auch einige touristische Aspekte runden das Bild ab.

Eine Idee entsteht

So manche Kultur der Antike hat bislang mein Interesse gefunden. So der Altägyptische Pharao Echnaton mit seiner schönen Gattin Nofretete, die kühne Pharaonin Hatschepsut mit ihrem großartigen Tempel. Im antiken Griechenland waren es gleich viele mythologische und geschichtliche Personen, angefangen von den homerischen Gestalten des Trojanischen Krieges und der Heimreise des Odysseus. Achilles, Agamemnon und Ödipus fesselten mich. Später kamen noch geschichtliche Gestalten hinzu von der gefühlvollen Poetin Sappho von Lesbos, über Demokrit, den Begründer der Atom-Theorie, Alexander den Großen und Aristoteles, um nur einige zu nennen. Das Alte Testament fand Anklang meinen Büchern über die Schöpfung und über Hiob.

Aber wo blieb eigentlich eines der wichtigsten Quellen unserer christlichen Kultur, das Neue Testament?

Um auf diesem Gebiet auch einmal Fuß zufassen, bot sich der Apostel Paulus mit seiner bewegten Historie und seinen Reisen an.

In einer Zeitschrift, ich glaube es könnte die Chrismon gewesen sein, lasen wir eine Reise-Anzeige mit dem Titel „Auf den Spuren des Apostels Paulus in Kleinasien". Nach etlichen Besuchen in Ägypten, in Griechenland und in Israel dachten wir: Warum nicht einmal den Spuren der anfänglichen Verbreitung unseres christlichen Glaubens nachzugehen?

So beschränkt sich dieses Buch weitgehend auf Kleinasien.

Hier begann der Apostel mit seiner Mission. Nichts hielt ihn auf. Schnee, Regen, Sturm, Hitze, Trockenheit, Hunger, Durst, selbst Todesgefahr – alles durchlitt und erlebte er um die Botschaft des Herrn unter die Menschen zu bringen, gleichgültig ob es Heiden oder Juden waren.

Nicht alle Orte und Gegenden, die Paulus auf seinen Missionsreisen in Kleinasien besuchte, werden in diesem Buch einen Widerhall finden, sondern weitgehemd nur diejenigen, die von der Reisegesellschaft als Reiseziele vorgegeben waren.

Paulus selbst hat, abgesehen von seinen Briefen,wenig geschrieben.

Eine große Hilfe für dieses Buch war für mich die Apostelgeschichte.

Der Reisebeginn

Am Frankfurter Flughafen erlebten wir beim Einchecken die erste Überraschung. Wir sollten nach Adana im Osten der Türkei mit XL Airways fliegen. Den Namen hatten wir noch nie gehört, was für eine exotische Fluggesellschaft sollte das wohl sein? Als erstes denkt man an altersschwache Maschinen, die auf solchen Nebenstrecken noch ihre letzten Euros einfliegen müssen. Die Damen am Schalter beruhigten uns, die Gesellschaft gäbe es schon seit zwei Jahren. In der Geschichte der Luftfahrt keine allzu lange „Lebensgeschichte"!

Die Plätze am Notausgang mit Beinfreiheit und der freundliche Service auf dieser Boeing 737.800 liessen unsere anfänglichen Bedenken schwinden.

Nach 3 ½ Stunden landeten wir in Adana, wo wir von unserem zukünftigen Reiseleiter empfangen wurden. Hier gab es die zweite Überraschung. Unser Reiseleiter trug den erst einmal befremdlich klingenden Namen Ibrahim. Die ursprünglich vorgesehene deutsche Reiseleiterin war aus irgendwelchen Gründen ausgefallen und er hätte einspringen müssen. Eine Reise für Christen über die Anfänge des Christentums und ein zwar deutsch sprechender, in Deutschland zur Schule gegangener, aber muslimischer Führer, konnte das gut gehen? Zweifel waren angesagt!

Ich beschloss ihm, falls es nötig sein würde, zu helfen. Und das war auch im Sinn der anderen Gäste. Für alle Fälle hatte ich mir vorher ein Buch über die Apostelreisen in Kleinasien besorgt. Er nahm es dankbar und erleichtert an und hat uns dann während der Reise mit Hilfe dieses Buches berichtet oder daraus vorgelesen.

Ob er weiss, dass sein Name auf den Stammvater der Israeliten zurückgeht, also eine muslimisch abgewandelte Form des jüdischen Namens Abraham. Ich habe ihn nie danach gefragt und er selbst hat es auch nie erwähnt.

Zwölf weitere Gäste hatten die gleiche Idee wie wir gehabt.

Mit dem Bus ging es weiter auf gut ausgebauter Autobahn in Richtung Antakya, dem antiken Antiochia. Vorbei ging es an Iskenderun, dem antiken Issos. Wem fällt bei diesem Namen nicht der alte Schülerspruch ein: „Drei, drei, drei – bei Issos Keilerei". Ja, hier war es dem jugendlichen Alexander gelungen, die Übermacht der Perser in einer denkwürdigen Konstellation zu besiegen, denn beide Heere waren schon mal aneinander vorbei gezogen, ohne aufeinander zu treffen. Nachdem einer der Statthalter von Darios in der Schlacht am Grannikos zuvor gegen Alexander verloren hatte, wollte hier nun in Issos Darios selbst dem jungen Makedonen einmal beweisen, wie stark das persische Heer sei und ihn in die Schranken zu weisen. Aber wie wir wissen kam es anders als er dachte. Ich sehe immer wieder das Mosaik von Pompeji vor mir: Das ängstliche, zurückblickende Gesicht von Darios, bevor er eilends die Flucht ergriff.

Auf der Fahrt nach Antiochia erzählt uns Ibrahim einige Geschichten. So erzählte er beispielsweise, Japanisch und Türkisch würden sich sehr ähneln, so dass ein Türke – Intelligenz vorausgesetzt – die japanische Sprache in ca 2 Jahren lernen könnte. Normalerweise bräuchte man dafür ca 5 Jahre.

Antiochia

Um 24 Uhr treffen wir neben einem anderen deutschen Touristen-Bus in Antakya (Antiochia in Kilikien) im Büyük Antakya Oteli ein.

Trotz der späten Stunde servieren uns die Kellner noch schnell ein Vier-Gänge-Menu. Und selbst für eine Flasche Efes-Bier war auch noch Zeit.

Morgens wurden wir dann vom Muezzin der nahen Moschee geweckt.

In der Nacht stiegen dann alte Erinnerungen hoch. Als junger Student war ich mit einem Freund schon einmal in dieser Gegend der Türkei, die wie ein Zipfel nach Syrien hineinragt. Unser Weg ging allerdings weiter nach Süden, über Aleppo. Hama und Homs nach Damaskus, das uns im Lauf des Buches als wichtige Etappe auf dem Weg des Apostels Paulus noch beschäftigen wird. Eine aufregende Stadt mit ihrer beeindruckenden Omajjiden-Moschee. Abends zirkulierten wir durch die Altstadt, schäkerten dort mit den jüdischen Mädchen und genossen die arabische Atmosphäre. Heute lebt kein Jude mehr in Damaskus, zu groß sind die nahöstlichen Spannungen geworden. Aber unser Weg ging noch weiter. Über den Libanon und Baalbek nach Beirut. Was für eine prachtvolle Stadt, zu Recht das Paris des Ostens genannt. Zehn Jahre bei einem erneuten Besuch hatten die Kriegswirren der Stadt sehr viel von ihrem Charme geraubt.

Kehren wir zurück nach Antiochia am Orontes in Kilikien, von manchen in der damaligen Zeit etwas euphemistisch als die „Königin des Ostens" tituliert.

Warum hat die Stadt für die Christen eine so große Bedeutung? Hier wurde zum erstenmal in griechischer Sprache das Wort „Christen" -„Cristianoi" - geprägt. Und hier hatte sich erstmals ein ausgeprägtes Eigenleben der jungen christlichen Bewegung innerhalb der jüdischen Diaspora entwickelt.

Die Stadt besitzt laut Polyglott neben Ravenna die grösste Sammlung von römischen Mosaiken. Als Motive auf den Mosaiken dienen mythologische Szenen, Bilder über die Jagd und Darstellungen aus dem Alltagsleben der Einwohner. Ein eindrucksvolles Museum.

Etwas oberhalb der Stadt an einem Berghang liegt die St. Petrus-Grotte oder Höhlenkirche, die jetzt offiziell als Museum unterhalten wird und wohl die größte Sehenswürdigkeit der Stadt Antakya ist. Es gibt eine alte Legende, die besagt, dass diese Grotte vom Apostel Petrus geweiht wurde. Sie soll auch die älteste Kirche der Christenheit sein. Hier versammelte sich die erste christliche Gemeinde um Petrus, Paulus und Barnabas. Vieles der Ausstattung ist erst im 20. Jahrhundert dazu gekommen, so die Marmorstatue des Apostels Petrus, der weiße Altar und der Bischofsthron.

An dieser Stelle erscheint es angezeigt, einige Worte über Petrus zu verlieren. Petrus ist einer der ersten Jünger Jesu. Eigentlich hiess er Simon, Jesus hatte ihm später den Namen Petrus gegeben.. Er und sein Bruder Andreas waren Fischer am See Genezareth. Sie waren gerade dabei am Seeufer die Netze auszuwerfen, als Jesus auf sie zutrat und sie aufforderte: „Folget mir! Ich will euch zu Menschenfischern machen."

Beide liessen ihre Netze liegen, verliessen ihre Familien und schlossen sich ihm an.

Welch eine Ausstrahlung muss Jesus schon damals gehabt haben? Beide waren einfache Leute, Fischer, und folgten ihm wohl ohne groß zu fragen, was sie eigentlich erwartete. Später tritt Petrus noch einmal in den Vordergrund, als Jesus im Garten Gethsemane gefangen genommen wird. Vorher hatte Jesus auf dem Weg zum Ölberg ihm prophezeit, er werde ihn in derselben Nacht dreimal verleugnen. Nach Johannes 18,10 ist es Petrus, der ein Schwert bei sich trug, sein Schwert zog und einem Knecht des Hohenpriesters das rechte Ohr abhieb.

Danach leugnete Petrus dreimal, den Herrn zu kennen. Und als der Hahn zweimal krähte, begann er zu weinen.

Trotz dieser negativen Vorgeschichte avancierte Petrus in Jerusalem zum Anführer der Apostel und der jungen Christengemeinde. Paulus trifft sich später mit ihm. Erstaunlich ist immerhin, dass sich die Päpste in Rom als Nachfolger Petri ansehen und auch der Petersdom nach ihm benannt wurde. Man möchte meinen, dass der Apostel Paulus sich eigentlich höhere Verdienste um die Ausbreitung des Christentums gemacht hat.

Aber die Kirche wird sich ihre eigenen Gedanken gemacht haben!

In Rom wurde aber über Paulus' Grab die Kirche San Paolo fuori le mure errichtet.

Noch einmal zum Namen Petrus. Wie schon erwähnt, erhielt er diesen Namen von Jesus bei einer besonderen Begebenheit. Jesus sass mit seinen Jüngern zusammen und fragte sie, für wen sie ihn hielten. Daraufhin trat Petrus hervor und antwortete, er, Jesus, sei der Messias, der Sohn des lebendigen Gottes. Da nannte ihn Jesus „den Fels" und versprach ihm, auf ihm seine Kirche zu bauen. Auf Aramäisch hiess es „Kephas" und auf Griechisch eben „Petros".

Wir in unserer Gruppe diskutieren in der Kirche über das Prinzip der Taufe und über die Beschneidung im Judentum und Islam.

Als nächster Besuch steht das Mosaiken-Museum an, das viele Mosaiken, Wand- und Fussboden-Mosaiken, aus früh- und spätrömischer Zeit enthält. Erstaunlich ist die Farbigkeit und Plastizität der Darstellungen.

Überhaupt scheinen wir nicht die Einzigen zu sein, die ihr Interesse an den frühen Stätten des Christentums hierher in diese südöstlichen Gefilde Kleinasiens geführt hat. Wir treffen auf holländische, schweizer und schwedische Reisegruppen. Ja, sogar eine türkische Gruppe aus Izmir ist unterwegs.

Ansonsten gibt es in Antiochia wenig Sehenswertes, dabei war die Stadt um die Zeitenwende eine der grössten Städte des römischen Reiches mit einer wechselvollen Vorgeschichte. Im Jahr 64 v.Chr. wurde sie unter Pompejus Hauptstadt der damaligen Provinz Syria. Im Altertum war es bekannt durch seine Schönheit, seinen Reichtum, aber auch durch seine Lasterhaftigkeit. Es galt so ein wenig wie das Sündenbabel dieser Region. Aber von der alten Pracht ist nur wenig erhalten, es ist im Grunde eine türkische ländliche Stadt, die nur noch durch ihren Namen Antakya an frühere glanzvolle Zeiten erinnert.

Unsere Fahrt führt uns dann noch nach dem antiken Seleukia Pieria, dem alten Hafen von Antiochia, der früher als Stützpunkt der kaiserlichen Flotte diente..

Das interessanteste Bauwerk der Stadt Seleukia ist der sogenannte Titus-Tunnel. Der Tunnel war eine Notlösung zur Vermeidung von Überschwemmungen. Ein Gebirgsbach sollte die Wassermassen um den unteren Bereich der Stadt herumzuführen. Man sieht, auch damals gab es bereits Probleme wie heutzutage, nur lag der Begriff Klimawandel och in weiter Zukunftsferne. Der Besuch einer antiken Nekropole rundet diesen kurzen Besuch ab.

Erwähnenswert wäre die Stadt noch aus einem anderen Grund, der aber in die Neuzeit hineinragt. Seleukia liegt am Fuße des Musa Dagh (Mosesberg). Dieser Berg erhielt große Bekanntheit durch das Buch von Franz Werfel „Die 40 Tage des Musa Dagh", in denen der Dichter den dramatischen Kampf der Armenier gegen die Osmanen schildert.

Die Gegend herum macht einen fruchtbaren Eindruck.

Von diesem Hafen aus startete Paulus zusammen mit Barnabas, der ja aus Zypern stammte, zu seiner ersten Missionsreise, die ihn nach Zypern führte.

Da aber diese Insel, auf der schon damals viele Juden lebten, nicht zu unserer Reiseroute zählte, mag dieser Hinweis auf Zypern genügen.

Tarsus und die Entwicklung von Paulus

Nach einer weiteren kurzen Nacht in Antakya ging es am frühen Morgen weiter nach Tarsus in Kilikien, dem Geburtsort des Apostels Paulus.

Hier besichtigten wir das Geburtshaus des Paulus und den sogenannten Paulus-Brunnen.

Beide Sehenswürdigkeiten sind nicht authentisch, sondern erhielten ihre Bezeichnung erst viel später. Ob man einstmals schon an den Tourismus gedacht hat?

Nun müssen wir uns einmal fragen, wer ist eigentlich dieser Paulus und wie sieht seine Geschichte aus, die ihn letztendlich bis nach Rom führte?

Wir wissen nicht allzu viel über seine Jugend und können nur einige Vermutungen anstellen. Er stammt aus einem jüdischen Elternhaus und wuchs wie alle Juden mit den mosaischen Gesetzen und den jüdischen hygienischen und ernährungsmässigen Vorschriften auf. Viele Juden hatten aus vielerlei Gründen die jüdischen Kernländer Judäa und Galilea verlassen und lebten in der Diaspora. Den Glauben ihrer Väter hatten sie allerdings überall mitgenommen, was oft zu Schwierigkeiten mit der nichtjüdischen Bevölkerung führte.

Nach der üblichen Zeit wurde er mit Sicherheit beschnitten. Mit seinem Vater besuchte er wohl regelmässig die Synagogen und hielt den heiligen Sabbat ein und versuchte die Gesetze zu befolgen.

Seit Vater war von Beruf Zeltmacher, wohl ein einträglicher Beruf, denn in der damaligen Zeit lebten nicht alle Bewohner in festen Unterkünften und zudem brauchte man für die dort stationierten römischen Soldaten ausreichend Zelte.

Es ist nicht bekannt, ob der Vater ihn als Nachfolger seines Gewerbes vorgesehen hatte, aber damals war es wohl nicht unüblich, dass Söhne oder zumindest einer den Beruf des Vaters übernahm.

So nebenher interessierte der Sohn sich wohl sehr intensiv für die Reden in den Synagogen und für die Thora.

Um den Weg des Paulus und seine Wandlung besser zu verstehen, ist folgende Geschichte eine Art Verständnishilfe. Nach dem Tod Christi wuchs zusammen mit den Jüngern seine Gemeinde, aber es gab ständige Spannungen zwischen den griechisch und den jüdisch (aramäisch) sprechenden Gliedern. Die griechisch sprechenden Gemeindemitglieder warfen den jüdisch sprechenden vor, dass sie die Witwen bei der täglichen Verteilung der Lebensmittel übergehen würden. Um den Streit zu schlichten, wählte man einen Kompromiss. Sieben angesehene Männer aus ihrer Mitte sollten für die Versäumnisse sorgen, während die anderen sich weiter um die Gottesdienste und um die Auslegung der Bibel kümmern sollten. Man schlug Stephanus vor, einen Mann mit festem Glauben, wie es heisst, und sechs weitere für diese Siebenergruppe vor. Die christlichen Apostel in Jerusalem stimmten dem zu.

Stephanus betätigte sich intensiv in seiner neuen Aufgabe und wurde allgemein akzeptiert. Das erregte aber die Eifersucht einiger anderer Glaubensbrüder, die von überall hinzu gezogen waren. Sie versuchten ihn in Streitgesprächen bloß zu stellen, konnten sich aber gegen sein Wissen und seinen Geist nicht behaupten.

So stifteten sie Leute an, die gegen Stephanus aussagen und

ihn bei den Pharisäern anschwärzen sollten. Er solle angeblich frevelhaft gegen das Gesetz Moses' und den Tempel Gottes geredet haben. Ferner solle er gesagt haben, Jesus wolle den Tempel zerstören, ihn in Kürze wieder aufbauen und statt des Gesetzes eine neue Ordnung einführen.

Daraufhin zitierte ihn der Hohepriester zu sich und fragte ihn: „Stimmen diese Anschuldigungen?"

Stephanus antwortete in einer langen Rede, in der er die religiösen Entgleisungen der Juden in Ägypten und bei der Wanderung durch die Wüste aufführte, so zum Beispiel als die Israeliten von Aaron forderten, ihnen Götter zu formen, die vor ihnen herziehen sollten.

Aus seiner weiteren Rede hier noch ein Auszug aus der Apostelgeschichte:

„Ihr Stiernacken und Gottesverächter, im Herzen ihm fremd und taub seinen Worten, ihr widerstrebt von jeher dem heiligen Geist, wie eure Väter es taten, so auch ihr selbst. Welchen Propheten haben eure Väter nicht verfolgt? Ja, sie haben sie alle getötet, die von ihm sprachen, die ihn schauten, den Gerechten, der kommen werde! Nun, da er kam, seid ihr seine Verräter, seine Mörder geworden! Ihr habt durch die Weisung von Engeln das Gesetz empfangen und nicht danach gelebt."

Das waren natürlich harte aber mutige Worte, die den Zorn und den Hass der Juden hervorrufen mussten.

Er aber, so die Apostelgeschichte, erfüllt vom heiligen Geist sah zum Himmel auf, sah Gott im Glanz seines Lichts und Jesus zu seiner Rechten stehen. Weiter sagte er: Jesus, sei bereit ihn zu empfangen und bereit wiederzukommen.

Die Juden ziehen ihn der Gotteslästerung, stürmten auf ihn zu und schleppen ihn aus der Stadt heraus, um ihn in einer Art

20

Lynchjustiz zu steinigen.

Die Oberkleider des Stephanus legten sie zu Füßen eines jungen Mannes namens Saulus (der später Paulus hiess). Und sie steinigten ihn zu Tode.

Saulus stand dabei und war zufrieden, dass Stephanus tot war.

Hier begegnet uns erstmals Saulus als Teil der Menge, die hinauszog vor die Stadt, um in ihrem Zorn Stephanus zu töten. Eine Steinigung sollte tunlichst nie innerhalb der Stadtmauern durchgeführt werden.

Diese Passage in der Apostelgeschichte ist besonders bedeutsam, da hier die Person des Saulus / Paulus in ihrer strengen, unduldsamen Attitüde gegenüber des neuen Weges und der Lehre Jesu Christi aufgezeigt wird.

Über seine Ausbildung wird wenig gesagt, er soll von einem Pharisäer und Schriftgelehrten namens Gamaliel, in Ehren gehalten von allem Volk, ausgebildet worden sein. Erst viel später äußert er sich einmal dazu und bekennt seinen damaligen Irrweg. Wie sollte aber ein junger Mann anders reagieren, der einige Jahre durch die Mühlen der ausschließenden und intoleranten Lehren der jüdischen Gesetze geprägt war? Dem wohl regelrecht eingebläut worden war, dass alle Abweichungen vom Gesetz abzulehnen und zu verfolgen seien.

Man muss zudem den Mut des Stephanus bewundern, der es wagte, den Juden den nicht immer einwandfreien Spiegel ihrer eigenen Vergangenheit vorzuhalten.

Die intolerante Haltung des Saulus gegenüber der jungen Christengemeinde, geprägt durch seine Ausbildung, zeigt sich am besten in den folgenden Zeilen, die ich der Apostelgeschichte entnommen habe.

Vom Saulus zum Paulus

Saulus wütete immer noch mit Drohung und Mord gegen die Jünger des Herrn. Er ging zum Hohenpriester und erbat sich von ihm Briefe an die Synagogen in Damaskus, um die Anhänger des (neuen) Weges, Männer und Frauen, die er dort fände, zu fesseln und nach Jerusalem zu bringen. Unterwegs aber, als er sich bereits Damaskus näherte, geschah es, dass ihn plötzlich ein Licht vom Himmel umstrahlte. Er stürzte zu Boden und hörte, wie eine Stimme zu ihm sagte: „Saul, Saul, warum verfolgst du mich?" Er antwortete: „Wer bist du, Herr?" Dieser sagte:

„Ich bin Jesus, den du verfolgst. Steh auf und geh in die Stadt; dort wird dir gesagt werden, was du tun sollst."

Saulus erhob sich vom Boden. Als er aber die Augen öffnete, sah er nichts. Sie nahmen ihn bei der Hand und führten ihn nach Damas-kus hinein. Und er war drei Tage blind und er aß nicht und trank nicht.

In Damaskus lebte ein Jünger namens Hananias. Zu ihm sagte der Herr in einer Vision: Hananias! Er antwortete: Hier bin ich, Herr: Der Herr sagte zu ihm: Steh auf und geh zur sogenannten Geraden Straße und frag im Haus des Judas nach einem Mann namens Saulus aus Tarsus. Er betet gerade und hat in einer Vision gesehen, wie ein Mann namens Hananias hereinkommt und ihm die Hände auflegt, damit er wieder sieht. Geh nur! Denn dieser Mann ist mein auserwähltes Werkzeug: Er soll meinen Namen vor Völker und Könige und die Söhne Israels tragen. Ich werde ihm auch zeigen, wie viel er für meinen Namen leiden muss. Da ging Hananias hin und trat in das Haus ein; er legte Saul die Hände auf und sagte: Bruder Saul, der Herr hat mich gesandt, Jesus, der dir auf dem Weg hierher erschienen ist; du sollst wieder sehen und mit dem Heiligen Geist erfüllt werden. Sofort fiel es wie Schuppen von seinen Augen und er sah wieder; er stand auf und ließ sich taufen. ...

Einige Tage blieb er bei den Jüngern in Damaskus; und sogleich verkündete er Jesus in den Synagogen und sagte: Er ist der Sohn Gottes. Alle, die es hörten, gerieten in Aufregung und sagten: Ist das nicht der Mann, der in Jerusalem alle vernichten wollte, die diesen Namen anrufen? Saulus aber trat um so kraftvoller auf und brachte die Juden in Damaskus in Verwirrung, Weil er ihnen bewies, dass Jesus der Messias ist.

So verging einige Zeit, da beschlossen die Juden, ihn zu töten. Doch ihr Plan wurde dem Saulus bekannt. Sie bewachten sogar Tag und Nacht die Stadttore, um ihn zu beseitigen. Aber seine Jünger nahmen ihn und ließen ihn bei Nacht in einem Korb die Stadtmauer hinab.

Apostelgeschichte 9, 1 –25

An dieser Stelle erscheint es von Bedeutung, über die Erscheinung auf dem Weg nach Damaskus nachzudenken. Theologen, Religionswissenschaftler und Philosophen haben versucht, für dieses Erlebnis des Saulus eine Erklärung finden. Es wurden viele Thesen aufgestellt.

Aber es wäre mühsam und wenig produktiv, sich mit all diesen Theorien zu beschäftigen.

Kann es nicht sein, dass aus anderen Bereichen des Seins, die mit unserem logischen Kausaldenken nicht erreichbar sind, hier in der Welt der Formen Anstöße geschehen, um den Einzelnen von einem Irrweg abzubringen. Solche Eingriffe, so möchte ich sie einmal etwas vorsichtig umschreiben, geschehen sicher auch in unserer heutigen Zeit. Nur werden sie von den Betroffenen als solche nicht wahrgenommen, für nicht wichtig gehalten, als Zufall oder Schicksal bezeichnet oder man spricht nicht darüber, um nicht als absonderlich und merkwürdig zu erscheinen.

Unterstellen wir also dem Saulus / Paulus, dass seine Aktivitäten, die Gemeindemitglieder des Neuen Weges so erbittert zu verfolgen, derart exzessiv wurden wie es an seiner Haltung bei der Steinigung des Stephanus zu sehen war, dass für seine Lebensplanung ein Korrektiv notwendig war.

Ich bin mir bewusst, dass dieser Erklärungsversuch für viele nicht nachvollziehbar sein kann, da immer die Gefahr besteht, dass solche Schlagwörter wie aussersinnliche Erfahrungen und Ähnliches in die Diskussion eingebracht werden können.

Es ist immer für Aussenstehende schwer begreifbar, wenn jemand in seinem Leben eine Zäsur einflicht und ab diesem Zeitpunkt vieles aus der Vergangenheit hinter sich lässt, abwirft, ja abschüttelt, und einen völligen Neubeginn wagt.

In der Umgangssprache hat sich dafür auch die etwas triviale Redewendung vom „Saulus zum Paulus" eingebürgert.

Apostel Paulus und Markus
Teil des Diptychons von Albrecht Dürer

Paulus und die Jünger Christi

Paulus kehrte dann nach Jerusalem zurück. Dort wollte er sich, nun bekehrt, der Gemeinde anschließen. Doch man fürchtete sich vor ihm, sie waren misstrauisch, denn keiner glaubte an eine wirkliche Wandlung seiner Einstellung. Dieser Saulus, der zuvor einer der grimmigsten Verfolger der neuen Bewegung war, sollte sich so radikal verändert haben? War er vielleicht ein Spion der Pharisäer? Da nahm sich Barnabas, ein aus Zypern stammender Christ, seiner an und erklärte den Jüngern, dass Paulus auf dem Wege nach Damaskus den Herrn gesehen, mit ihm gesprochen habe und sich dann dort für die Christengemeinde eingesetzt habe. Jetzt begann Paulus sich auch in Jerusalem für den Neuen Weg einzusetzen und auch mit den griechisch sprechenden Juden zu diskutieren.

Paulus war wie verwandelt. Voller Enthusiasmus berichtete er über die Lehre Jesu Christi.

Das Wort Enthusiasmus ist ein herrliches Wort mit griechischen Wurzeln, steckt darin doch das Wort „theo – Gott".

Den Juden, besonders den Pharisäern, in Jerusalem aber missfiel sein missionarisches Engagement und sie überlegten wie sie den für sie unbequemen Christen umbringen könnten. Für sie, die immer auf das Kommen des Messias warteten, war es in ihren Augen eine Sünde, wenn Paulus vom Erscheinen des am Kreuz gestorbenen Messias predigte. Die Toleranzschwelle war zur damaligen Zeit sehr niedrig, wenn Unbequemlichkeiten wie Verstöße gegen das Gesetz oder sonstige Vorschriften aus subjektiver Sicht zu hoch wurden, dann war man mit solchen Strafhandlungen wie Steinigen oder gar Töten schnell bei der Hand. Wenn man das Ganze einmal aus heutiger

Sicht betrachtet, dann unterlagen die damaligen Juden in ihren Handlungen einem strengen Verhaltens-Korsett, wenn sie nicht unter die Rubriken „Sünder" oder „Sündigen" fallen wollten.

Im Evangelium des Thomas Nr. 39 finden wir eine Passage, in der sich Jesus über die so selbstgerechten Pharisäer auslässt:

Jesus sprach: Die Pharisäer und die Schriftgelehrten haben die Schlüssel der Erkenntnis genommen und sie verborgen. Weder sind sie eingetreten noch haben sie die gelassen, die eintreten wollten. Ihr aber, seid klug wie die Schlangen und einfach wie die Tauben.

Als die Jünger und die Anhänger des Neuen Weges merkten, dass die Gefahr für Pauls zu groß wurde, zogen sie mit ihm aus der Gefahrenzone nach Caesarea und später zog Paulus von dort weiter in seine Heimatstadt Tarsus.

Dort verliert sich erst einmal seine Spur bzw. es wurde ruhig um ihn. Ob er seinem Vater in der Werkstatt geholfen hat oder ob er in Verlängerung seiner Jerusalem-Aktivitäten sich auch dort entfaltet hat, ist nicht bekannt. Interessant wäre natürlich, wie sich das Verhältnis zwischen Sohn und Vater entwickelt hatte. Hier der Vater, falls er noch lebte, aufgewachsen und noch immer den Maximen der Orthodoxie verhaftet, und hier der Sohn, der das Althergebrachte weitgehend über Bord geworfen hatte und sich von den strengen Regeln der konservativen Juden gelöst hatte.

Paulus und Antiochia

Kehren wir wieder nach Antiochia zurück, unsere erste Station auf dieser Reise.

Damals hatte sich hier eine größer werdende Gemeinde des Neuen Weges unter Barnabas und einigen anderen etabliert. Es gab aber Spannungen mit den orthodoxen Juden, die sich darüber empörten, dass die Christen gemeinsam mit den Heiden, die sich für diese Lehre interessierten, zu Tisch saßen und sie in ihre Gemeinschaft aufnahmen, ohne dass diese die strengen Gesetze der Juden befolgen mussten.

Der Begriff „Heiden" klingt in diesem Zusammenhang etwas befremdlich, denn diese als Heiden bezeichneten Bewohner Antiochias waren zumeist keine ungebildeten Menschen sondern waren aufgeschlossene Griechen und Römer.

Da entschied sich Barnabas nach Tarsus aufzubrechen und Paulus zu bitten, sie in ihrem Wirken zu unterstützen. Denn nur er konnte am überzeugendsten auf Grund seiner Erlebnisse vor Damaskus über den auferstandenen Jesus berichten.

Er und Barnabas versuchten gegen manche Widerstände sich für die Gemeinschaft von gläubigen Juden mit den Heiden einzusetzen, vor allem plädierten sie dafür, dass solche religiösen Riten wie die Beschneidung keine zwingende Maßnahme für die Teilnahme an gemeinsamen Sitzungen und Speisungen sei.

Ins Landesinnere

Unsere Reiseroute führt nunmehr in Richtung Konya. Die Straße steigt an und wir kommen an einer geschichtlich interessanten Stelle vorbei.

Dazu kurz einige Erklärungen. Am 3. und 4.Juli 1187 war es dem Sultan Saladin gelungen, dem Heer der Kreuzritter eine vernichtende Niederlage beizubringen, Danach konnte er am 9. Oktober Jerusalem einnehmen. Der Fall der Heiligen Stadt löste bei den Herrschern des christlichen Abendlandes eine heftige Reaktion aus. Der Papst Gregor VIII erließ am 19. Oktober 1189 eine Kreuzzugsenzyklia. Der englische König Richard Löwenherz, der französische Herrscher Philipp II und auch der deutsche Kaiser Friedrich I Barbarossa folgten dem Aufruf.

Das deutsche Teilheer von ca 20.000 Mann brach am 11. Mai 1189 von Regensburg auf und erreichte auf dem Landweg den Balkan und Kleinasien. Nach einem Sieg über den Sultan von Konya war der Weg für Barbarossa frei zum Meer. Der Marsch über das Taurusgebirge erwies sich als sehr anstrengend. Am 10. Juni 1190 ereichte der Kaiser den Fluss Saleph. Die Hitze machte allen sehr zu schaffen und Barbarossa wollte sich im Fluss etwas erfrischen. Wahrscheinlich kam er durch eine Herzattacke ums Leben. Das deutsche Kreuzfahrerheer löste sich danach auf.

Der Kaiser Barbarossa ist aber über die Kyffhäuser-Sage intensiv in die deutsche Sagenwelt eingebunden.

Nach dem Volksglauben schläft in einer Höhle des Kyffhäuserbergs der Kaiser Friedrich I., genannt Barbarossa, mitsamt seinen Getreuen, um eines Tages zu erwachen, das Reich zu retten und es wieder zu neuer Herrlichkeit zu führen.

Während er schläft, wächst sein Bart um einen Steintisch. Bis jetzt reicht er zweimal herum und wenn die dritte Runde beendet ist, beginnt das Ende der Welt. Alle hundert Jahre wacht der Kaiser auf, und wenn dann noch immer Raben um den Berg kreisen, schläft er für ein weiteres Jahrhundert.

Lystra

Hier brechen wir unsere kurze Exkursion in die deutsche Geschichte und Sagenwelt wieder ab und machen uns auf den Weg nach Lystra. Die Fahrt gestaltet sich etwas schwierig, da weder Ibrahim noch unser Busfahrer Hussein den Weg dorthin kennen. Nach einigem Suchen finden wir endlich Lystra bzw das was von dem Ort noch vorhanden ist: Nur noch ein Hügel. An dieser Stelle sind bislang wenige Ausgrabungen erfolgt.

An diesem Ort siedelte Kaiser Augustus im Jahre 6 v.Chr. zum Schutz vor räuberischen Stämmen aus dem Taurusgebirge, die die Gegend dort verunsicherten, römische Veteranen an.

Der einzige Lichtblick in dieser verlassenen Gegend ist ein Schäfer, der seine große Schafherde mit Hilfe von einigen Hunden beaufsichtigt. Sein sonnengegerbtes Gesicht wird von einem Lächeln überzogen. Sicher ist er froh, in dieser selbstgewählten Einsamkeit hin und wieder auch mal andere Gesichter zu sehen,

Lystra spielt auf der zweiten Reise von Paulus eine nicht unwichtige Rolle, denn hier lernt er später seinen Gefährten Timotheus kennen, der für ihn zu einer. großen Hilfe wurde. Als Konzession an die konservativen Juden sprang Paulus hier über seinen Schatten und liess Timotheus beschneiden.

Den damaligen Ort Lystra erreichte Paulus zusammen mit Barnabas auf der Rückkehr von Zypern. Hier hatten sich beide auch in Paphos aufgehalten und werden mit Sicherheit auf den Aphrodite-Kult gestossen sein, denn die griechische Göttin soll dem Mythos nach hier dem Meer entstiegen sein und hoch zu den Olympiern geleitet worden sein.

Warum erscheint der Ort Lystra als eine Art bedeutsame Erfahrung für Paulus so wichtig?

Wir greifen dazu auf eine Passage aus der Apostelgeschichte zurück.

In Lystra war ein Mann, der von Geburt an gelähmt war; er saß ohne Kraft in den Füßen da und hatte nie gehen können. Er hörte der Predigt des Paulus zu. Dieser blickte ihm fest ins Auge; und da er sah, dass der Mann darauf vertraute, gerettet zu werden, rief er laut: Steh auf! Stell dich aufrecht auf deine Füße! Da sprang der Mann auf und ging umher. Als die Menge sah, was Paulus getan hatte, fing sie an zu schreien und rief auf Lykaonisch: Die Götter sind in Menschengestalt zu uns herabgestiegen. Und sie nannten den Barnabas Zeus, den Paulus aber Hermes, weil er der Wortführer war Vielleicht lebte in ihrer Erinnerung die alte Sage von Philemon und Baucis.

Es muss für Paulus auf jeden Fall enttäuschend gewesen sein, dass seine Botschaft des Herrn in den Bewohnern von Lystra überhaupt keinen Eindruck hinterlassen hatte. Sie waren offenbar noch immer in alten Göttermustern befangen, die es ihnen schwer machten – trotz der überraschenden und eigentlich überzeugenden Heilung des Kranken - sich von ihren gewohnten Göttern zu lösen.

Der Priester des „Zeus vor der Stadt" brachte Stiere und Kränze an die Tore und wollte zusammen mit der Volksmenge ein Opfer darbringen. Als die Apostel Barnabas und Paulus davon hörten, zerrissen sie ihre Kleider, sprangen unter das Volk und riefen: „Männer, was tut ihr? Auch wir sind nur Men schen, von gleicher Art wie ihr; wir bringen euch das Evangelium, damit ihr euch von diesen nichtigen Götzen zu dem lebendigen Gott bekehrt, der den Himmel, die Erde und das Meer geschaffen hat und alles, was dazugehört. Er ließ in den vergangenen Zeiten alle Völker ihre Wege gehen. Und doch hat er sich nicht unbezeugt gelassen: Er tat Gutes, gab euch vom Himmel her Regen und fruchtbare Zeiten; mit Nahrung und mit Freude erfüllte er euer Herz."

Doch selbst mit diesen Worten konnten sie die Volksmenge kaum davon abbringen, ihnen zu opfern.

Von Antiochia und Ikonion aber kamen konservative Juden und überredeten die Volksmenge und versuchten die Bewohner aufzuwiegeln.

Was mögen sie den Bewohnern von Lystra eingeflüstert haben. „Lasst euch nicht von diesen daher gelaufenen Landstreichern mit deren Taschenspielertricks betrügen. Sie sind überall unterwegs und verkünden eine neue Lehre. Glaubt ihnen nicht. Euer Wohl liegt denen nicht am Herzen!

Unglaublich wie schnell die Menge auf diese Verleumdungen reagierte. Nicht mit Worten und Entgegnungen. Nein, sie waren so aufgebracht, dass sie gleich zum Äußersten griffen und Paulus umbringen wollten.

Und sie steinigten den Paulus und schleiften ihn zur Stadt hinaus, in der Meinung, er sei tot. Als aber die Jünger ihn umringten, stand er auf und ging in die Stadt.

Apostelgeschichte 14,8-20

Es ist eine der ersten Leidenserfahrungen des Paulus, die ihn aber nicht abhielten, weiterhin die Botschaft des Herrn zu verkünden, der von den Toten auferstanden war.

Konya

Da es für uns in Lystra nichts weiter zu sehen gab, fuhren wir weiter nach Konya, dem antiken Ikonion.

Als erstes besuchten wir das Wahrzeichen der Stadt, das Mevlana-Kloster, das mit dem Turm und seinen grünen Fayencen weithin leuchtet. Daher auch der türkische Name Yesil türbe. Hier ist das Grabmahl des schiitischen Mystikers Cefaeddin Rumi (1207 – 1273). Berühmt sind die Tänze der Derwische des Klosters, die mit der langwährenden Umdrehung um sich selbst eine Art Meditation durchführen.

Aus der antiken Zeit ist in der Stadt kaum etwas zu sehen, da durch die moderne Stadt alles überbaut wurde. In der Mitte der Stadt erleben wir noch so etwas wie eine christliche Insel innerhalb einer moslemischen Stadt. Eine kleine Kirche, die von zwei italienischen Schwestern betreut wird. Schwester Isabella, aus Trient stammend, spricht etwas deutsch und berichtet uns über ihr So-sein in dieser Umgebung. Gottesdienste dürfen nicht abgehalten werden, aber die Kirche ist täglich eine Stunde geöffnet, um jedermann einen Einblick in eine christliche Kirche zu ermöglichen. Immer wieder bewundernswert, wie Menschen ihr Leben dem christlichen Glauben widmen.

Manchmal denke ich, unserer Toleranz im Westen gegenüber dem islamischen Glauben müsste eigentlich eine ebensolche in islamisch geprägten Ländern dem christlichen Glauben gegenüber stehen. Das scheint mir aber zur Zeit reines Wunschdenken zu sein!

Paulus kam mit Barnabas von Antiochia in Pisidien (das wir später noch besuchen werden) nach Ikonion und besuchte als erstes die Synagoge der Juden. Hier predigten sie und eine große Zahl von Juden und Griechen wurde gläubig. Die Juden wiederum wurden argwöhnisch über das, was die beiden predigten und versuchten die Heiden gegen sie aufzuwiegeln. Die beiden liessen sich dadurch aber nicht entmutigen und predigten weiterhin im Vertrauen auf den Herrn. Er liess durch die Hände der Apostel Zeichen und Wunder geschehen. Doch die Menschen der Stadt wurden durch die Predigten der Apostel gespalten. Ein Teil hielt zu den Juden, der andere Teil zu den Aposteln. Als aber die Apostel merkten, dass die Juden und Heiden zusammen mit ihren Wortführern entschlossen waren, sie zu misshandeln und zu steinigen, flohen sie in andere Städte Lykaoniens und verkündeten dort weiter das Evangelium.

In Ikonion lernte Paulus auch die Thekla kennen, die in der orthodoxen Kirche sehr verehrt wird. Um sie rankt sich eine fast mystische Geschichte. Sie liess sich von Paulus taufen und verweigerte danach ihrem Verlobten die Ehe. Erbost zeigte sie dieser beim Statthalter an, der sie zum Tod durch Verbrennen verurteilte. Doch ein Wunder geschah: Ein Regenguss löschte die Flammen und ein Erdbeben ermöglichten Thekla die Flucht. Trotz weiterer Verfolgungen erreichte sie ein biblisches Alter von 91 Jahren.

Eine kleine persönliche Randbemerkung möchte ich mir noch erlauben. Als junger Student auf der Rückreise von Pakistan und Persien waren wir eine Nacht in Konya. Abends in einem Lokal gab es Yoghurtlu Kebab – das beste Gericht, das ich je in der Türkei gegessen habe, so dass ich mich noch immer gut daran erinnern kann.

Wir brechen in Konya in aller Frühe auf, denn nach Antiochia in Pisidien steht uns eine längere Fahrt bevor.

Wir erreichen Yalvac und besichtigen die Ruinen der alten Stadt Antiochia in Posidien-

Antiochia in Pisidien

Auf dem Weg dorthin machen wir aber einen kleinen Abstecher, den Paulus aller Wahrscheinlichkeit nicht genommen hat – zumindest ist es in der Apostelgeschichte nicht erwähnt. Ob Paulus überhaupt ein Auge auf die Schönheiten der Landschaft und auf sonstige Sehenswürdigkeiten geworfen hat, ist uns nicht überliefert. Ich denke, er war zu sehr mit der Botschaft des Herrn unterwegs, dass ihm alles andere von untergeordneter Bedeutung erschien.

Es ist Pamukkale, bekannt durch seine grandiosen weißen Kalksinterterrassen, die über Jahrtausende durch kalkhaltige Thermalquellen entstanden sind und eine Touristen-Attraktion darstellen. Das dortige Quellwasser ist mit Calciumhydrogencarbonat gesättigt. Beim Austreten entweicht Kohlendioxid und es entsteht Travertin.

Anfang der 60er Jahre und Mitte der 70er habe ich Pamukkale schon mal besucht. Jetzt hat sich vieles geändert. Die Hotels oberhalb der Quellen hatten mit ihren Abwässern das Wasser verschmutzt und wurden geschlossen. Damals konnte man auch zwanglos in den Terrassen herumplätschern.

Nach einer kurzen Photo-Pause nehmen wir den Wanderweg oberhalb der Terrassen entlang. Hunderte von Touristen haben die gleiche Idee gehabt. Inzwischen nähert sich die Sonne den Bergen und verzaubert alles in eine südliche Abendstimmung.

In Antiochia in Pisidien besuchen wir das umfangreiche Ruinengelände, das wir in einer Stunde durchwandern, Sehenswert die Reste des grossen Zeus-Tempels, in dem auch Kaiser Augustus verehrt wurde, und ein großes Amphitheater für 12.000 Personen. Entgegen aller negativen Prophezeiungen meint es das Wetter gut mit uns und wir können ausgiebig photografieren.

Die Stadt hat wie so viele hier eine längere Geschichte. Um das Jahr 280 v.Chr. gründeten die Seleukiden, Nachfolger Alexanders des Großen, die Stadt. Kaiser Augustus (63 v.Chr. – 14 n. Chr.) erhob sie in den Status einer römischen Kolonie und siedelte hier verdiente Veteranen an. Insgesamt herrschte ein buntes Völkergemisch. Die jüdische Gemeinde war wohl recht groß, so dass Paulus auf viele Zuhörer hoffen konnte. Aber er wurde enttäuscht.

Paulus und Barnabas kamen von Perge her nach Antiochia in Pisidien Hier wiederholte sich erneut, wie die konservativen Juden gegen die Apostel opponierten und versuchten die Bewohner aufzuhetzen, so dass Paulus und Barnabas nichts anderes übrig blieb, als die Stadt zu verlassen. .

Lassen wir dazu wieder einmal die Apostelgeschichte zu Worte kommen.

Sie selbst wanderten von Perge weiter und kamen nach Antiochia in Pisidien. Dort gingen sie am Sabbat in die Synagoge und setzten sich. Nach der Lesung aus dem Gesetz und den Propheten schickten die Synagogenvorsteher zu ihnen und ließen ihnen sagen: Brüder, wenn ihr ein Wort des Trostes für das Volk habt, so redet.

Da stand Paulus auf, gab mit der Hand ein Zeichen und sagte: Ihr Israeliten und ihr Gottesfürchtigen, hört! Der Gott dieses Volkes Israel hat unsere Väter erwählt.

Dann verlangten sie einen König, und Gott gab ihnen Saul Nachdem er ihn verworfen hatte, erhob er David zu ihrem König Aus seinem Geschlecht hat Gott dem Volk Israel Jesus als Retter geschickt.

Brüder, ihr Söhne aus Abrahams Geschlecht und ihr Gottesfürchtigen: Uns wurde das Wort dieses Heils gesandt.

Als sie hinausgingen, bat man sie, am nächsten Sabbat über diese Worte zu ihnen zu sprechen. Und als die Versammlung sich aufgelöst hatte, schlossen sich viele Juden und fromme Proselyten Paulus und Barnabas an.

Am folgenden Sabbat versammelte sich fast die ganze Stadt, um das Wort des Herrn zu hören. Als die Juden die Scharen sahen, wurden sie eifersüchtig, widersprachen den Worten des Paulus und stießen Lästerungen aus.

Paulus und Barnabas aber erklärten freimütig: Euch musste das Wort Gottes zuerst verkündet werden. Da ihr es aber zurückstoßt und euch des ewigen Lebens unwürdig zeigt, wenden wir uns jetzt an die Heiden. Denn so hat uns der Herr angetragen: Ich habe dich zum Licht für die Völker gemacht, bis an das Ende der Erde sollst du das Heil sein. Als die Heiden das hörten, freuten sie sich und priesen das Wort des Herrn; und alle wurden gläubig, die für das ewige Leben bestimmt waren. Das Wort des Herrn aber verbreitete sich in der ganzen Gegend.

Die Juden jedoch hetzten die vornehmen gottesfürchtigen Frauen und die Ersten der Stadt auf und veranlassten eine Verfolgung gegen Paulus und Barnabas und vertrieben sie aus ihrem Gebiet. Diese aber schüttelten gegen sie den Staub von ihren Füßen und zogen nach Ikonion.

Apostelgeschichte 13, 14-51

Auch wenn Paulus in Gefahr war, verließ ihn sein froher Glaube und seine Zuversicht nicht. So schreibt er in einem Brief an die Philipper:

Ich weiß Entbehrungen zu ertragen, ich kann im Überfluss leben. In jedes und alles bin ich eingeweiht: In Sattsein und Hungern, Überfluß und Entbehrung. Alles vermag ich durch ihn, der mir Kraft gibt.

Das zeigt die Episode in Lystra. Die meisten Menschen überlebten eine Steinigung nicht. Paulus jedoch überlebte, mit Sicherheit schwer verletzt, aber mit seiner inneren Kraft und der rührenden Pflege durch seine Anhänger genas er nach einer Ruhepause wieder und ließ sich von seinem Weg nicht abbringen.

Unsere Weitefahrt von Antiochia dauerte nicht lange. Aus dem Bus konnten wir noch einen Blick auf das gesamte Gelände von Pamukkale werfen.

Nach ca drei Kilometern erreichten wir die Ausgrabungen von Laodicea, ein Ort, den wohl Paulus nicht besucht hat und in dem sich türkische Archäologen um eine Wiederherstellung bemühen. An der Hauptstrasse sind bereits viele Säulen wieder aufgerichtet und ein kleines Theater zeugt von der Kulturbeflissenheit seiner früheren Bewohner.

Als nächstes folgt ein ganz profanes Ziel: eine Teppichknüpferei, die anscheinend zum Pflichtreiseprogramm aller Türkei-Rundreisen gehört. Einer der Geschäftsführer führt uns mit viel Sachverstand auf Deutsch durch den Betrieb. Bei einem Verkaufsgespräch werden uns Tee, Kaffee und Raki serviert. Aber niemand aus der Gruppe zeigt Kaufinteresse.

Anscheinend sind die Reiseführer in der Türkei verpflichtet, auf diese Weise die türkische Wirtschaft zu unterstützen.

Um es gleich vorweg zu nehmen: Ibrahim sprach noch von zwei weiteren Besuchen: Einer Lederwarenhandlung und einem Goldschmuckladen. Ich habe ihm stellvertretend für die anderen Reisereilnehmer davon abgeraten, denn niemand wollte noch einmal einen halben Tag damit „verschwenden". Und er hat es akzeptiert.

Wir fuhren dann zum Unmut einiger Teilnehmers an Aphrodisias mit seinem Amphitheater vorbei. Aber in einem danach angefahrenen türkischen Gartenlokal haben sich bei Wein und Raki die Wogen wieder etwas geglättet.

Ephesus

So langsam nähern wir uns den Höhepunkten unserer Reise, Ephesus und Milet. Unser letztes Hotel liegt an einer Bucht in Kusadasi. Kurz vor Sonnenuntergang kommen wir am Strand von Kusadasi an. Die Sonne geht rechts von der griechischen Insel Samos, der Insel der griechischen Göttin Hera, unter, die man als schemenhaften Schatten wahrnimmt. So nah liegen hier die Inseln des griechischen Dodekanes und die Türkei.

Bei dem Namen Samos kommt man nicht umhin, an den grössten Sohn der Insel zu denken: Pythagoras. Er wollte eine Religion gründen, aber es blieb bei einer Sekte.

Bei einem kleinen Bummel am kleinen Strand hatten wir einen Blick auf den Hafen. Dort lag ein riesiges Kreuzfahrtschiff. Das liess nichts Gutes für Ephesus und den morgigen Tag erahnen, denn Ephesus ist neben Istanbul eines der frequentiertesten Kulturziele der Türkei.

Am nächsten Morgen heisst es: Früh aufstehen, denn heute steht einiges auf dem Programm.

Unsere Ahnung sollte sich bewahrheiten. Vor dem Eingang standen schon zahlreiche Busse. Alle Nationen gaben sich hier ein Stelldichein. Sogar eine große Gruppe von Japanern war unter ihnen. Wir staunen immer wieder über ihr Interesse an unserer antik-westlichen Kultur. Aber vielleicht reicht ihnen ihre eigene Kultur nicht?

Wir bummeln rund 2 ½ Stunden durch die Ruinen der Stadt.

Wir sehen die Ruinen der Marienkirche. Eindrucksvoll ist das Theater, das bis zu 25.000 aufnehmen konnte.

Vom Theater aus führt eine marmorgepflasterte Straße bis zum Hafen, der damals nur fünfhundert Meter entfernt lag. Die elf Meter breite Straße wurde zu beiden Seiten von Säulen gesäumt.

Ob Paulus vielleicht schon einmal einen Abendbummel auf dieser Straße bis ans Meer gemacht hat, um der Melodie der ewig anrauschenden Wellen zu lauschen, ist in der Apostelgeschichte nicht erwähnt. Persönliche Eindrücke sind darin nur selten aufgeführt. Diese Straße wurde aber erst viel später mit den Marmorplatten versehen.

Eines der bekanntesten Bauwerke der Stadt, zugleich auch ihr Wahrzeichen, ist die Celsus-Bibliothek. Sie ist benannt nach ihrem Stifter, dem römischen Prokonsul Tiberius Julius Celsus Polemaeanus. In ihr sollen sich etwas 12.000 Pergamente und Papyri befunden haben, eine sicher etwas bescheidene Menge, wenn man an die Bibliotheken von Pergamon (Namensgeber des Pergaments) und Alexandria denkt.

Celsus Bibliothek in Ephesos

In der Nähe befinden sich noch die Ruinen des berühmten Tempels der Artemis, die damals eines der sieben Weltwunder der Antike war. Im Tempel befand sich eine grosse Marmorstatue der Göttin. Baubeginn war im 7. Jahrhundert v.Chr., leider wurde der Tempel im Jahr 356 v. Chr. durch Brandstiftung zerstört. Aber die Epheser wollten ihrer Stadtgöttin treu bleiben und liessen den Tempel in den alten Dimensionen wieder aufbauen. Es muss ein gewaltiges Gebäude gewesen sein, 55 x 110 Meter. Im Inneren stützten 25 Meter hohe Säulen das Dach. Dieser Tempel war auch zur damaligen Zeit die touristische Hauptattraktion der Stadt. Viele Bewohner lebten von den Besuchern, wie wir gleich sehen werden.

Ephesus hat eine lange Geschichte. Um 190 v.Chr. kam die Stadt unter römische Herrschaft. Kaiser Augustus machte sie zur Provinzhauptstadt Asiens und zum Sitz eines Prokonsuls. In der Mitte des 1. Jahrhunderts n.Chr., also zu der Zeit als sich auch Paulus dort aufhielt, lebten rund 200.000 Einwohner in der Stadt Maria, die Mutter Jesu, soll hier gelebt haben. An sie erinnert ihr angebliches Wohnhaus. Auch der Evangelist Johannes soll in Ephesus gelebt haben.

Der Apostel Paulus lebte um das Jahr 56 rund drei Jahre in dieser Stadt. Für ihn war es der wichtigste Stützpunkt in der Provinz Asia. Viele seiner Briefe, die ja Bestandteil des Neuen Testaments sind, sind hier entstanden. So die beiden Korintherbriefe, und der Philipperbrief.

Man nimmt an, dass Paulus hier einige Zeit im Gefängnis verbracht hat und er in dieser Zeit einige Briefe geschrieben hat.

Eindrucksvoll ist der Brief an die Gemeinden in der Landschaft Galatien im mittleren Kleinasien. Hier lässt sich Paulus in aller Deutlichkeit über den Unterschied zwischen der Gefolgschaft Christi und dem konservativen Judentum aus. So betont er, dass Christus eben nicht einem strengen Ritual unterworfene, sondern freie Menschen wolle.

Diesen Brief verfaste er, als ihm zu Ohren kam, dass andere christliche Lehrer nach Galatien gekommen waren und gegen die von ihm betriebene beschneidungsfreie Heidenmission agitierten.

Daher bringe ich an dieser Stelle einige seiner Aussagen:

So sagt er: „Wir wissen aber, dass der Mensch so lange mit Gott nicht ins reine kommt, als er sich seine Liebe mit Leistungen verdienen will, sondern erst, wenn er sich allein auf Christus verlässt und beruft."

Weiter sagt er: „Wenn Gott euch seinen Geist gibt, wenn mit Händen zu greifen ist, wie nahe euch Gott ist und wie gewaltig er unter euch am Werk ist – ich frage noch einmal: Tut er es, weil ihr das jüdische Gesetz so korrekt erfüllt – oder weil ihr von Christus gehört habt und an ihn geglaubt habt."

„Wollt ihr alles richtig finden, was die Menschen von euch verlangen, alles, was sie euch auferlegen, an religiösen Riten und Gesetzen, die euch doch nichts helfen und nichts geben können. Wollt ihr denn Sklaven sein wie dereinst?"

„Wenn ihr euch beschneiden lasst, nützt euch Christus nichts. Ich wiederhole es: Wer sich beschneiden lässt, verpflichtet sich auf das ganze Gesetz."

Im Brief an die Römer (Röm 2, 28 - 29) schreibt Paulus: Denn nicht der ist Jude, der es nach außen ist und nicht das ist Beschneidung die nach außen am Fleische ist, sondern der ist Jude, der es im Innern ist

Im Thomas-Evangelium lesen wir folgende Zeilen (auch

wenn Paulus sie eventuell nicht gekannt hat):

Seine Jünger fragten ihn: Ist die Beschneidung nützlich oder nicht?
Er antwortete ihnen: Wäre sie nützlich, ihre Väter würden sie beschnitten aus ihrer Mutter zeugen. Aber die wahre Bescheidung ist geistig und hat allein Nutzen.
(Thomas Evangelium Vers 53).

Durch seine Reden und die lange Zeit, die er dort auftrat, verursachte Paulus einiges an Unruhe.
Lassen wir dazu wieder einmal die Apostelgeschichte zu Worte kommen.

Um jene Zeit aber wurde der (neue) Weg Anlass zu einem schweren Aufruhr Denn ein Silberschmied namens Demetrius, der silberne Artemistempel herstellte und den Künstlern viel zu verdienen gab, rief diese und die anderen damit beschäftigten Arbeiter zusammen und sagte: Nun seht und hört ihr; dass dieser Paulus nicht nur in Ephesus, sondern fast in der ganzen Provinz Asien viele Leute verführt und aufgehetzt hat mit seiner Behauptung, die mit Händen gemachten Götter seien keine Götter. So kommt nicht nur unser Geschäft in Verruf sondern auch dem Heiligtum der großen Göttin Artemis droht Gefahr, nichts mehr zu gelten, ja sie selbst wird ihre Hoheit verlieren.
Als sie das hörten, wurden sie wütend und schrieen:
Groß ist die Artemis von Ephesus; alles stürmte ins Theater und sie schleppten die Mazedonier Gaius und Aristarch, Reisegefährten des Paulus, mit sich.
Als aber Paulus in die Volksversammlung gehen wollte, hiel-

ten ihn die Jünger zurück. Auch einige hohe Beamte der Provinz, die mit ihm befreundet waren, schickten zu ihm und rieten ihm, nicht ins Theater zu gehen.

Dort schrieen die einen dies, die andern das; Die Juden schickten Alexander nach vorn Doch als sie merkten, dass er ein Jude war schrieen sie alle fast zwei Stunden lang wie aus einem Mund: Groß ist die Artemis von Ephesus! Der Stadtschreiber aber brachte die Menge zur Ruhe und sagte: Ihr habt diese Männer hergeschleppt, die weder Tempelräuber noch Lästerer unserer Göttin sind. Wenn also Demetrius und seine Zunftgenossen eine Klage gegen irgend jemand haben, so gibt es dafür Gerichtstage und Prokonsuln; dort mögen sie einander verklagen.

Sonst sind wir in Gefahr, dass man uns nach dem heutigen Vorfall des Aufruhrs anklagt, weil kein Grund vorliegt, mit dem wir diesen Volksauflauf rechtfertigen könnten. Nach diesen Worten löste er die Versammlung auf

Nachdem der Tumult sich gelegt hatte, rief Paulus die Jünger zusammen und sprach ihnen Mut zu. Dann verabschiedete er sich und ging weg, um nach Mazedonien zu reisen.

Apostelgeschichte 19,23-40; 20,1

Kann man es den Ephesern verdenken, dass es ihnen in erster Linie darum ging, ihren Wohlstand nicht zu gefährden und der ihnen lang gewohnten Göttin Artemis nicht abzuschwören, nur um einem ihnen fremden Wanderprediger zu folgen.

Wer sich in der geschichtsträchtigen Region Ionien bewegt und nach Ephesus kommt, sollte sich an ihren berühmten Sohn Herakleitos, heute einfach nur Heraklit genannt, erinnern.

Seine berühmten Worte „panta rhei" – „alles bewegt sich, nichts bleibt so wie es ist, überall zeigt sich Veränderung" und „du steigst nicht zweimal in den gleichen Fluss" erfreuen sich noch heute großer rhetorischer Beliebtheit.

Ich könnte mir vorstellen, dass diese Aussagen von Paulus, hätte er sie erfahren, mit Sicherheit gern aufgegriffen wären. Denn nichts Anderes war sein Wunsch, sein Ziel, seine Intention: Bewegung, Veränderung, Erneuerung.

Der Ausspruch „Der Krieg ist der Vater alles Dinge" hätte wohl nur bedingt seine Zustimmung gefunden, denn Heraklit hat der Aussage eine andere Bedeutung beigemessen.

Überhaupt sind viele seiner Ausssagen nur schwer verständlich, weswegen man ihm auch die Bezeichnung „Der Dunkle" gab.

Milet

Die nächste und letzte Station unserer Reise ist Milet, das ungefähr 50 Kilometer südlich von Ephesus liegt. Man kann es gar nicht oft genug erwähnen: Wir stehen hier an einem philosophisch-geschichtsträchtigem Ort. In der Antike zählte Milet zu den kulturellen Mittelpunkten der damaligen Welt. Man denke nur unter anderem an den berühmten Philosophen Thales von Milet.

Ein wichtiger Bürger von Milet war Leukippos. Ihm und seinem Schüler Demokritos von Abdera verdanken wir die These von den kleinsten Bestandteilen der Materie, den Atomen, abgeleitet von dem griechischen Wort „atomos – nicht teilbar".

Ich bin in meinem Buch über Demokrit ausführlich darauf eingegangen.

. Überhaupt muss man sagen, hier an der Ionischen Küste, hier an Küsten des Lichts, wie Peter Bamm es so treffend bezeichnete, steht die Wiege der abendländischen Philosophie. Hier versuchten Menschen erstmals den Mythos nach Möglichkeit durch die Ratio zu ersetzen.

Weitere Philosophen aus Milet waren Anaximander, der auf der Suche nach dem Ausgangsstoff des Universums den Begriff „Apeiron" prägte, was soviel heißt wie „Das Unbegrenzte, das Unendliche". Sein Schüler war Anaximenes, der die Luft als Ausgangsstoff alles Daseins postulierte.

Wie man sieht, wir standen hier in einem Gebiet, in dem man aus den hergebrachten Denkweisen ausbrach und zu neuen

Ideen aufrief.

Uns ist nicht bekannt, ob Paulus über die großen Söhne Milets Bescheid wusste und wenn ja, ob er sich mit ihren Thesen auseinandergesetzt hatte.

Ich glaube kaum, denn die Ideen der sogenannten Vorsokratiker, die eine Trennung von Religion und Wissenschaft anstrebten, passten nicht in sein Weltbild.

Die Stadt Milet war eine der führenden Seehäfen mit einem florierendem Handel mit vielen Niederlassungen am Mittelmeer, im Schwarzen Meer, ja sogar im Nildelta. Durch den Mäander (in die deutsche Sprache als Verbum „mäandern" übernommen) ist der Hafen aber seit dem Mittelalter verlandet und liegt inzwischen 10 Kilometer vom Meer entfernt. Zwei Jahrhunderte bis zum 5. Jahrhundert soll Milet die grösste griechische Stadt gewesen sein, bis im Jahre 494 v.Chr. sie von den Persern zerstört wurde.

Das Amphitheater von Milet ist wahrlich beeindruckend. Es hatte einstmals Platz für fünfundzwanzig Tausend Zuschauer. Der Umgang des oberen Ranges ist fast einen halben Kilometer lang. Die Ruine ragt dreißig Meter aus der Ebene heraus. Es ist das am besten erhaltene griechische Theater in der Türkei. Leider wurden, wie auch an anderen Stätten, die alten Bauten von den Nachfolgegenerationen als Steinbruch missbraucht.

Hier in Milet schrieb Paulus einen seiner eindrucksvollsten Briefe an seine Christengemeinde in Ephesus. Es war so etwas wie ein Abschiedsbrief für immer.

Lassen wir dazu wieder die Apostelgeschichte erzählen

Von Milet aus schickte er jemand nach Ephesos und liess die Ältesten der Gemeinde zu sich rufen. Als sie bei ihm eingetroffen waren, sagte er: Ihr wisst, wie ich vom ersten Tag an, seit ich die Provinz Asia betreten habe, die ganze Zeit in eurer Mitte war und wie ich dem Herrn in aller Demut diente unter Tränen und vielen Prüfungen.

Nach diesen Worten kniete er nieder und betete mit ihnen allen. Und alle brachen in lautes Weinen aus, fielen Paulus um den Hals und küssten ihn, am meisten schmerzte sie sein Wort, sie würden ihn nicht mehr von Angesicht sehen. Dann begleiteten sie ihn zum Schiff.

Aostelgeschichte 20

Hier endet unsere Reise auf den Spuren des Apostels Paulus in Kleinasien. Von Izmir, dem früheren Smyrna, geht es zurück nach Frankfurt.

*** Fast zum Schluss erleube ich mir noch eine persönliche Bemerkung.

Wir haben jetzt vieles aus dem Leben von Paulus erfahren. Wie steht es aber bei ihm mit dem Humor?

Konnte er auch mal trotz seiner Beflissenheit und seinem unermüdlichem Einsatz einmal so richtig von Herzen lachen?

Konnte das Lachen nicht einmal eine Art Befreiung aus den vielen Widrigkeiten und Anfeindungen für ihn darstellen?

Ich hoffe doch, dass es ihm oft gelungen sein möge!

Die Rede des Paulus in Athen

Für Paulus aber ging es weiter nach Hellas, über Philippi nach Thessaloniki und weiter nach Athen. Hier gibt es noch eine interessante Begebenheit.

Im Grunde ist dies nicht Teil unserer Kleinasienreise, aber es zeigt so deutlich den Eifer und die Kraft, die ihm durch sein Erlebnis mit Jesus Christus verliehen wurden.

Während Paulus in Athen auf sie wartete, erfasste ihn heftiger Zorn; denn er sah die Stadt voll van Götzenbildern. Er redete in der Synagoge mit den Juden und Gottesfürchtigen, und auf dem Markt sprach er täglich mit denen, die er gerade antraf Einige von den epikureischen und stoischen Philosophen diskutierten mit ihm, und manche sagten: Was will denn dieser Schwätzer? Andere aber: Es scheint ein Verkünder fremder Gottheiten zu sein. Er verkündete nämlich das Evangelium von Jesus und von der Auferstehung. Sie nahmen ihn mit, führten ihn zum Areopag und fragten: Können wir erfahren, was das für eine neue Lehre ist, die du vorträgst? Du bringst uns recht befremdliche Dinge zu Gehör Wir wüssten gern, worum es sich handelt. Alle Athener und die Fremden dort taten nichts lieber als die letzten Neuigkeiten zu erzählen oder zu hören. Da stellte sich Paulus in die Mitte des Areopags und sagte:

Athener:

Nach allem, was ich sehe, seid ihr besonders fromme Menschen. Denn als ich umherging und mir eure Heiligtümer ansah, fand ich auch einen Altar mit der Aufschrift: EINEM UNBEKANNTEN GOTT. Was ihr verehrt, ohne es zu kennen, das verkünde ich euch.

Gott, der die Welt erschaffen hat und alles in ihr, er, der Herr über Himmel und Erde, wohnt nicht in Ternpeln, die von Menschenhand gemacht sind. Er lässt sich auch nicht von Menschen bedienen, als brauche er etwas: Er, der allen das Leben, den Atem und alles gibt. Er hat aus einem einzigen Menschen das ganze Menschenge-schlecht erschaffen, damit es die ganze Erde bewohne. Er hat für sie bestimmte Zeiten und die Grenzen ihrer Wohnsitze festgesetzt. Sie sollten Gott suchen, ob sie ihn ertasten and finden könnten; denn keinem von uns ist er fern. Denn in ihm leben wir, bewegen wir uns und sind wir wie auch einige von euren Dichtern gesagt haben: Wir sind von seiner Art. Da wir also von Gottes Art sind, dürfen wir nicht meinen, das Göttliche sei wie ein goldenes oder silbernes oder steinernes Gebilde menschlicher Kunst und Erfindung. Gott, der über die Zeiten der Unwissenheit hinweggesehen hat, lässt jetzt den Menschen verkünden, dass überall alle umkehren sollen. Denn er hat einen Tag festgesetzt, an dem er den Erdkreis in Gerechtigkeit richten wird, durch einen Mann, den er dazu bestimmt und vor allen Menschen dadurch ausgewiesen hat, dass er ihn von den Toten auferweckte.

Als sie von der Auferstehung der Toten hörten, spotteten die einen, andere aber sagten: Darüber wollen wir dich ein andermal hören. So ging Paulus aus ihrer Mitte weg. Einige Männer aber schlossen sich ihm an und wurden gläubig, unter ihnen auch Dionysius, der Areopagit, außerdem eine Frau namens Damaris und noch andere mit ihnen.

Apostelgeschichte 17,16-34

Als Paulus nach Athen kam, hatte Athen seinen früheren Glanz als kulturelle Metropole der westlichen Welt längst verloren. Sie war unter der römischen Herrschaft fast bedeutungslos geworden. Die Zeiten eines Perikles, eines Platon, eines Sokrates oder Aristoteles Die Tragödiendichter Euripides, Sophokles und Aischylos wurden vielleicht in trauriger Erinnerung ab und zu wieder mal aufgeführt. Auch vom Kommödienschriftsteller hört man kaum noch etwas.

Athen scheint sich nach dem Worten von Paulus mehr für Klatsch und Tratsch zu interessieren.

Letztendlich führt Paulus seine dem Herrn gewidmete Missionsreise weiter bis zu seinem letzten Ziel nach Rom.

Literaturverzeichnis

Das Neue Testament, Die Apostelgeschichte

Das Neue Testament, Die Briefe des Paulus an die Galater

Bull, Klaus-Michael; Türkei, Mittleres und östliches Kleinasien, Evang. Verlagsanstalt, 2. Aufl., 2012

Bamm, Peter; Frühe Stätten der Christenheit; Knaur, 1964

Bamm, Peter; An den Küsten des Lichts, Kösel-Verlag, 3.Aufl. 1962

Bamm, Peter; Welten des Glaubens, Droemersche Verlagsanstalt, 10. Auflage, 1982

Ben-Chorin, Schalom; Paulus, Der Völkerapostel in jüdischer Sicht, dtv, 1980

Guardini, Romano; Der Herr; Betrachtungen über die Person und das Leben Jesu Christi; Werkbund-Verlag,

Lohse, E.; Paulis ; Eine Biografie, Verlag C.H.Beck; 2009

März, C.-P.; Paulus; Sein Leben, sein Wirken, seine Zeit; S.Benno Verlag

Paulus, Der Apostel der Völker; Reisen in Griechenland, Verlag Haitalis, 2003

Prinz, Alois; Der erste Christ, Belz & Goldberg, 2007

Schmidt, K.O.; Die geheimen Herren-Worte des Thomas-Evangeliums, Drei Eichen Verlag, 1977

Volkmer, D.; Der Erste Messias? Bildnis eines zu früh Geborenen; Books on Demand, 2.Aufl. 2015

Volkmer, D.; Demokrit, Vom Mythos zur Atom-Theorie, Books on Demand, 2020

Volkmer, D.; Die Schöpfung; Mythen und Erzählungen, Books on Demand, 2018

Zu Hilfe stand auch ein Reiseführer Türkei von Marco Polo

Weitere Literatur des Autors

Dietrich Volkmer

**Die Schöpfung
Mythen und Erzählungen**

Books on Demand

Näheres unter
www.literatur.drvolkmer.de

**Der Erste Messias?
Bildnis eines zu früh
Geborenen**

Books on Demand

Näheres unter
www.literatur.drvolkmer.de

**Hiob
Vom Leiden eines
Menschen**

Books on Demand

Näheres unter
www.literatur.drvolkmer.de

**Demokrit
Vom Mythos zur Atom-
theorie**

Unter anderem werden ei-
nige der Vorsokratiker be-
schrieben

Books on Demand

Näheres unter
www.literatur.drvolkmer.de

Weitere Literatur des Autors

Griechische Momente

Books on Demand

Näheres unter
www.literatur.drvolkmer.de

**Hiob
Eine Erzählung**

In diesem Buch wird die
Geschichte als Roman ge-
schildert

Books on Demand

Näheres unter
www.literatur.drvolkmer.de

Alexander und Aristoteles Eine späte (fiktive) Begegnung in Babylon nach Alexanders Rückkehr aus Indien und kurze Zeit vor seinem Tod.

Books on Demand
Näheres unter
www.literatur.drvolkmer.de

Auf seinen Spuren in Kleinasien